notebook

- This notebook belongs to -

Jocs press

Copyright© 2019 Jocs Press

All rights reserved and protected under the copyright, designs, and patents act 1988.

www.brandingbyjuls.com

Print on demand by Amazon

No part of this book may be reproduced, stored in a retrieval system, transmitted in any form or used in any manner (photocopying or scanning) without express permission from the author and copyright owner. Do not attempt to share, copy or replicate this material as this is illegal.

First edition.

Follow **@Jocspress** and **@brandingbyjuls** on Instagram | Facebook | Pinterest

I'm like an owl, I don't give a hoot!

I'm like an owl, I don't give a hoot!

I'm like an owl, I don't give a hoot!

I'm like an owl, I don't give a hoot!

I'm like an owl, I don't give a hoot!

I'm like an owl, I don't give a hoot!

I'm like an owl, I don't give a hoot!

I'm like an owl, I don't give a hoot!

I'm like an owl, I don't give a hoot!

I'm like an owl, I don't give a hoot!

I'm like an owl, I don't give a hoot!

I'm like an owl, I don't give a hoot!

I'm like an owl, I don't give a hoot!

I'm like an owl, I don't give a hoot!

I'm like an owl, I don't give a hoot!

I'm like an owl, I don't give a hoot!

I'm like an owl, I don't give a hoot!

I'm like an owl, I don't give a hoot!

I'm like an owl, I don't give a hoot!

I'm like an owl, I don't give a hoot!

I'm like an owl, I don't give a hoot!

I'm like an owl, I don't give a hoot!

I'm like an owl, I don't give a hoot!

I'm like an owl, I don't give a hoot!

I'm like an owl, I don't give a hoot!

I'm like an owl, I don't give a hoot!

I'm like an owl, I don't give a hoot!

I'm like an owl, I don't give a hoot!

I'm like an owl, I don't give a hoot!

I'm like an owl, I don't give a hoot!

I'm like an owl, I don't give a hoot!

I'm like an owl, I don't give a hoot!

I'm like an owl, I don't give a hoot!

I'm like an owl, I don't give a hoot!

I'm like an owl, I don't give a hoot!

I'm like an owl, I don't give a hoot!

I'm like an owl, I don't give a hoot!

I'm like an owl, I don't give a hoot!

I'm like an owl, I don't give a hoot!

I'm like an owl, I don't give a hoot!

I'm like an owl, I don't give a hoot!

I'm like an owl, I don't give a hoot!

I'm like an owl, I don't give a hoot!

I'm like an owl, I don't give a hoot!

I'm like an owl, I don't give a hoot!

I'm like an owl, I don't give a hoot!

I'm like an owl, I don't give a hoot!

I'm like an owl, I don't give a hoot!

I'm like an owl, I don't give a hoot!

I'm like an owl, I don't give a hoot!

I'm like an owl, I don't give a hoot!

I'm like an owl, I don't give a hoot!

I'm like an owl, I don't give a hoot!

I'm like an owl, I don't give a hoot!

I'm like an owl, I don't give a hoot!

I'm like an owl, I don't give a hoot!

I'm like an owl, I don't give a hoot!

I'm like an owl, I don't give a hoot!

I'm like an owl, I don't give a hoot!

I'm like an owl, I don't give a hoot!

I'm like an owl, I don't give a hoot!

I'm like an owl, I don't give a hoot!

I'm like an owl, I don't give a hoot!

I'm like an owl, I don't give a hoot!

I'm like an owl, I don't give a hoot!

I'm like an owl, I don't give a hoot!

I'm like an owl, I don't give a hoot!

I'm like an owl, I don't give a hoot!

I'm like an owl, I don't give a hoot!

I'm like an owl, I don't give a hoot!

I'm like an owl, I don't give a hoot!

I'm like an owl, I don't give a hoot!

I'm like an owl, I don't give a hoot!

I'm like an owl, I don't give a hoot!

I'm like an owl, I don't give a hoot!

I'm like an owl, I don't give a hoot!

I'm like an owl, I don't give a hoot!

I'm like an owl, I don't give a hoot!

www.ingramcontent.com/pod-product-compliance
Lightning Source LLC
Chambersburg PA
CBHW081453220526
45466CB00008B/2629